MW01116403

Made in the USA
Middletown, DE
02 December 2021

54042479R00061